Die Kulturaufgabe des alten Menschen

In der Reihe GESUNDHEITSPFLEGE *initiativ* sind bisher folgende Bände erschienen:

Band 1: Michaela Glöckler
Lebenskrisen als Zukunftschancen
ISBN 3-932161-00-9

Band 2: Volker Fintelmann
Von der Kunst alt zu werden
ISBN 3-932161-01-7

Band 3: Mathias Wais
Über den roten Faden im Lebenslauf des Menschen
ISBN 3-932161-02-5

Band 4: Michaela Glöckler
Die Biographie des Menschen und ihre geistigen Gesetze
ISBN 3-932161-03-3

Band 5: Henning Köhler
Der Mensch im Spannungsfeld zwischen Selbsgestaltung und Anpassung
ISBN 3-932161-04-1

Band 6: Hans-Werner Schroeder
Die Bedeutung der Angst und des Bösen im Lebenslauf
ISBN 3-932161-05-X

Band 7: Michaela Glöckler
Vom Wirken der Engel im menschlichen Leben
ISBN 3-932161-06-8

Band 8: Gerhard Wehr
Die Mitte des Lebens
ISBN 3-932161-07-6

Band 9: Mathias Wais
Sinn und Unsinn der Ehe heute
ISBN 3-932161-08-4

Band 10: Peter Petersen
Unsere Wahrnehmung des Todes
ISBN 3-932161-09-2

Fortsetzung auf Seite 44

Michaela Glöckler

Die Kulturaufgabe des alten Menschen

GESUNDHEITSPFLEGE initiativ

Die Deutsche Bibliothek – CIP-Einheitsaufnahme
Glöckler, Michaela
Die Kulturaufgabe des alten Menschen:
Esslingen: GESUNDHEITSPFLEGE initiativ, 1998
ISBN 3-932161-20-3

Schriftenreihe GESUNDHEITSPFLEGE initiativ Band 20

ISBN 3-932161-20-3

Herstellung: Gaiser Offsetdruck & Informations-GmbH, Schwäbisch Gmünd

Sehr verehrte liebe Anwesende,*

auf dem Briefkopf für die Einladung, die ich bekommen habe, steht: „Wohnstätte für sinnvolle Lebensgestaltung im Alter und bei Hilfsbedürftigkeit". Und ich denke, diese Unterscheidung, das Alter nicht identisch zu setzen mit Hilfsbedürftigkeit, ist sehr wichtig. Noch in keiner Kulturepoche der Menschheit ist wohl das Altern mit so viel Negativem belegt wie heute. Man identifiziert damit das „Nicht-mehr-gebraucht-werden", sozusagen „Schrott-sein", oder wie junge Leute ihre Eltern liebevoll und zärtlich nennen: „Grufties sein". Zu dieser Negativ-Charakteristik treten zunehmend Gesichtspunkte aus dem ökonomischen Bereich, aus dem Wirtschaftsleben hinzu. Es ist also nicht nur so, daß man sozial ausgegrenzt wird oder sich ausgegrenzt fühlt, sondern man erlebt das Existenzbedrohende der wirtschaftlichen Argumente (z. B. ob eine notwendige Operation sich noch lohnt „ weil sie teuer ist „ oder ob das Leben noch lebenswert ist, das man

---

* Überarbeitete Fassung eines Vortrags vom 25.06.1997 in Rengoldshausen

führt). Entsprechendes finden wir auf juristischer Ebene. Unser Nachbarland Holland hat auf Wunsch der Betroffenen „ der alten und hilfsbedürftigen Menschen sowie der Angehörigen und betroffenen Ärzte „ eine Gesetzgebung auf den Weg gebracht, welche die sogenannte Sterbehilfe in aktiver Form rechtlich möglich macht. Was nun aber am Anfang überwiegend begeistert als Befreiung im Zeichen der Mündigkeit der heutigen Menschen begrüßt wurde, wendet sich jedoch immer wieder ins Gegenteil: In Sorge, ja Angst, ob man wirklich lebensfreundlich behandelt wird oder schon abgeschrieben ist. Oftmals wird durch die Angehörigen für einen entschieden, weil man irgendwann einmal gesagt hat: „Ach, das ist doch kein Leben mehr!" - Aber wer sagt das nicht schon mal, auch in jungen Jahren: „Es ist kaum" oder nicht mehr „ zum Aushalten!" Und wie oft wird es im Alter gesagt! Während meiner medizinischen Ausbildung habe ich das öfter gehört, wenn ich mit alten Menschen zu tun hatte, daß jemand sagte: „Ach, Frau Doktor, geben Sie sich doch mit mir nicht so furchtbar Mühe, es lohnt sich doch gar nicht mehr!" So gibt es jetzt in Holland schon Selbsthilfegruppen, die Listen zur Verfügung stellen, auf denen die „sicheren" Krankenhäuser geführt sind, wo man sich als älterer Mensch noch problemlos hinwagen kann und sicher sein kann, daß man nach menschlichem Ermessen auch wieder herauskommt.

Es hat sich unmerklich im Empfinden der Menschen ein Umschwung vollzogen, der schon seit etwa 150 Jahren vorbereitet wird, nämlich seit der Zeit, als der Materialismus sich alle unsere Hochschulen erobert hat. Jetzt ist das, was man im vorigen Jahrhundert erst nur gedacht hat, überall etabliert und fängt an, Wirklichkeit zu werden. Und wenn aufgrund einer materialistischen Weltanschauung Nützlichkeitsdenken und Gerechtigkeitsempfinden sich entwickeln, dann führen sie mit Notwendigkeit zu den heute diskutierten Konsequenzen. Ist es doch unter materialistischen Vorzeichen ineffektiv, ein Leben über Jahre zu führen, ohne daß man noch etwas leistet. Wir leben heute in einer Zeit, in der die finanziellen Ressourcen überall knapp werden und das soziale Netz wieder brüchig wird. Schon heute heißt es: „Wir können uns dieses teure Gesundheitssystem der sechziger, siebziger und achtziger Jahre nicht mehr leisten." Das Recht auf Gesundheit im Alter muß bald mit Hilfe von

Zusatzversicherungen erkauft werden. In England gibt es z. B. schon Jahreslimits, nach deren Überschreiten bestimmte Operationen nicht mehr vom National Health Service finanziert werden. Der Betroffene muß dann selber dafür aufkommen. Auch bei uns bahnt sich diese Gefahr einer Zwei-Klassen-Medizin an. Menschen, die ihr Leben lang ihre Krankenkassenbeiträge einbezahlt haben, stehen jetzt plötzlich vor neuen Perspektiven. Und so ist es begeisternd, von einer Initiative zu hören wie die, deren Gast wir heute abend sind. Eine kleine Gruppe von Pflegenden und Sozialtherapeuten entschließt sich, als eine freie Initiative zwar dankbar anzunehmen, was die öffentliche Hand bietet, aber eben auch Menschen zu suchen, die mithelfen, ein Zentrum aufzubauen, das dann in einer Zeit hier etabliert sein wird und kulturelle Arbeit leisten wird, wenn vielleicht die äußeren Umstände sehr viel schwieriger geworden sind für eine sinnvolle Lebensgestaltung im Alter. Man kann nur hoffen, daß sich auch viele jüngere Menschen freiwillig mit kleinen Beiträgen an dieser Unternehmung beteiligen, so daß wir neue Formen finden können und ein Beispiel haben, wie aus freier Initiative heraus kulturelle Einrichtungen zu schaffen sind, die es unabhängig von den heutigen sozialen Fördermaßnahmen ermöglichen, ein menschenwürdiges Altern und Sterben zu erleben.

Ich möchte diese Einführung in unsere Arbeitstagung dafür verwenden, einige Gesichtspunkte zu nennen, die mir bedeutsam scheinen, für die Kulturaufgabe des alten Menschen, für das, was wir nur durch das reife Lebensalter gewinnen können. Auch gilt es, Ansätze zu finden zur Sinngebung von Pflegebedürftigkeit und Hilfsbedürftigkeit. In dem Maße, wie wir in solchen Erscheinungen, die uns unsympathisch sind, wie Hilfs- und Pflegebedürftigkeit, einen Sinn sehen lernen, in dem Maße können wir sie dann auch menschlich wieder ganz anders auffassen und begleiten. Und so ist der Name „Wohnstätte für sinnvolle Lebensgestaltung im Alter" nicht nur schön, sondern auch ein großer Anspruch, nämlich durch Verständnisarbeit für alles wirklich eine Sinngebung zu finden, was dann an eine solche Wohnstätte an Leid, an Frage, an Schwierigkeit aber auch an Hoffnung herangetragen wird.

Ich möchte mit einem Gedanken beginnen, der meiner Herkunft Rechnung trägt. Ich bin ja nicht

Geriater sondern Kinderärztin, insofern bin ich hier eigentlich ganz fehl am Platz, wenn ich jetzt zu diesem späten Lebensabschnitt spreche. Aber sowohl meine sozialen Kontakte als auch das Übergreifende in meiner medizinischen Ausbildung haben mich immer wieder in die Nähe dieser Thematik gebracht, und deswegen wage ich es jetzt, hierzu etwas beizutragen. Auch ist es eine Hilfe, bevor man den Blick auf das Alter lenkt und seine kulturelle Bedeutung, auch die Kindheit, den Anfang des Lebens, ins Auge zu fassen. Was verbinden wir mit Geborenwerden, mit Kindheit und Jugend? Damit verbinden wir Erwartung, die Ankunft von Neuem, auch wenn eine Mutter ganz genau die Chromosomen-Analyse ihres Kindes kennt, weiß sie trotzdem nicht, welch ein Mensch da zu ihr kommt. Auch das Kind weiß dies nicht, sondern lernt durch Freud und Leid im Laufe der Zeit erkennen, wer es eigentlich ist. Es ist also immer die Erwartung auf etwas ganz Unbekanntes, Neues, was wir mit dem Lebensanfang verbinden. Dann gönnt unsere Gesellschaft heute, trotz aller Schwierigkeiten, durch die Art der schulischen Einrichtung diesem ersten Lebensalter einen gewissen Spielraum, eine Phase, in der man nicht durch Kinderarbeit und soziale Verpflichtungen angebunden ist, sondern lernen darf, spielen darf, sich und die Welt entdecken darf. Unter wirtschaftlichen Gesichtspunkten ist das natürlich ineffektiv. Kinder kosten nur und geben zunächst nichts ... Es wird jedoch unter ökonomischen Gesichtspunkten toleriert, weil man weiß, daß sie später zahlen. Im Alter ist es umgekehrt wie in der Kindheit. Da erlebt man sich in der Situation, daß alles gelebt ist, bekannt ist, man erwartet nicht mehr viel Neues, sondern blickt auf die Lebenshöhepunkte zurück, man hat sie nicht mehr vor sich. Und so ist unsere Lebenssituation im Alter mehr mit Besinnung, mit Erinnerung, mit Rückblick verbunden. Bei Menschen im Alter um die 60 hört man oft Gespräche mit der Frage, was man jetzt für Aufgaben hat. Die Jüngeren in die Verantwortung hereinnehmen? Noch einmal eine neue Aufgabe anpacken? Es wird viel sorgfältiger ausgewählt. Man läßt sich nicht mehr für alles Mögliche einspannen. Es tritt eine andere Lebensökonomie zu Tage. Im Alter brauchen wir auf andere Art wieder die Umgebung, die die Alltagssorgen abnimmt und dadurch dem älteren Menschen neue Initiativen ermöglicht; Initiativen, die sich auf Besinnung, Verarbeitung, innere Erneuerung, geistige Befreiung erstrecken. Diese besonderen Kulturleistungen der älteren Menschen fehlen jedoch heute vielfach.

Auch hier ist es nötig, einen Freiraum zu schaffen und daran zu arbeiten, daß unsere Gesellschaft überhaupt Fragen und Erwartungen an die Kulturaufgabe des alten Menschen hat! Damit möchte ich den Vergleich mit der Kindheit verlassen und an die Frage herangehen: Hat der alte Mensch in erster Linie die Aufarbeitung seiner Biographie zur Aufgabe? Vor dem Hintergrund des bisher Gesagten würde ich zunächst einmal sagen: Ja. Das ist eine wichtige Arbeit, die der eine Mensch von sich aus macht, auf die ein anderer erst durch eine Krankheit oder irgendein einschneidendes Ereignis gestoßen wird. Plötzlich sind die Lebensumstände so, daß man Zeit hat oder sich Zeit nehmen muß, um sich zu besinnen. Das aber ist oft sehr schmerzhaft, weswegen viele Menschen ja auch davor flüchten oder Angst haben. Sie sind auf diese Konfrontation mit sich selbst kaum vorbereitet. Denn jetzt steigt auch alles das auf, was das Leben einem versagt hat, die vergeblichen Hoffnungen, Erwartungen, Wünsche, gescheiterte Lebenspläne. Manchmal hat man dann Mühe, die Lebenshöhepunkte, das, was man geliebt hat, was geglückt ist, wofür Dankbarkeit am Platze ist, überhaupt noch zu sehen, zu akzeptieren. Je länger man aber daran arbeitet, desto eher stößt man auf eine Wirklichkeit, die Rudolf Steiner einmal sehr schön in diesem prägnanten Wahrspruchwort ausgesprochen hat: „Freuden sind Geschenke des Schicksals, die ihren Wert in der Gegenwart erweisen. Leiden aber sind Quellen der Erkenntnis, deren Bedeutung sich in der Zukunft zeigt." Als alter Mensch ist man jetzt sozusagen in der Zukunft, nämlich am Ende seines Lebens – und das ist die Zukunft, wenn wir ehrlich sind: das Sterben und die Frage nach dem Wiedergeboren werden – mit neuen Fähigkeiten und Anlagen. Jetzt ist man an diesem Ende, in dieser Zukunft, wohin das ganze Leben hingereift, hingewachsen ist, und es stellt sich die Frage: Was lehren gerade die Schmerzen, wofür wecken sie auf? Kann man ihre Bedeutung fassen? Und dann merkt man, es ist tatsächlich so: Die Freuden, die Glücksmomente haben mir Kraft gegeben, aber meine Charakterbildung, meine Reife verdanke ich den Leiden und Schwierigkeiten, den Problemen, sie haben mich weise gemacht. Es gibt keinen weisen Menschen, der nicht durch Schmerz gegangen ist. Das Glück macht nicht weise, es kann uns sogar blind machen, so daß wir unempfindlich oder verständnislos werden für Menschen, die leiden oder krank sind. Wie schön, wenn es gelingt, daß Menschen – rüstig, weniger rüstig, pflegebedürftig, aber vielleicht noch mitsprechen, mitdenken könnend – sich in kleineren und größeren Gruppen zusammenfinden und sich ihre Biographien, ihre Lebenserfahrungen erzählen und an deren vertieftem Verständnis arbeiten. Oft kann ein anderer viel leichter sagen, was der Sinn einer tiefen Tragik im eigenen Leben war. Aus dem Abstand heraus wird es für ihn übersichtlicher, deutlicher, was der Herr des Schicksals, Christus, uns mit dieser oder jener Erfahrung nahebringen wollte. Und wer so erlebt, wie plötzlich ein anderer, der da im Kreis sitzt, den Einfall hat, der zutrifft, und wie erlösend ein guter Gedanke, eine gute Gefühlsstimmung sein können, der lernt ganz neu, dem Geist zu vertrauen. Innere sinngebende Arbeit dieser Art ist wie eine Kernbildung, eine Samenbildung innerhalb der auseinandergefalteten Biographie. So wie in einem Samenkorn der Lebenslauf einer ganzen Pflanze schon vorgezeichnet ist, so hat jede Biographie ihren Aufstieg, ihren Zenit und ihren Abglanz, dann aber auch im wahrsten Sinne des Wortes ihr Zusammenschrumpfen auf einen engen Lebensraum. Zu mir hat einmal ein älterer Mensch gesagt: „Ich schrumpfe jetzt so richtig zusammen wie eine Dörrpflaume, ich komme dem Kern immer näher!" Ich fand das sehr treffend ausgedrückt. Sie kommen sozusagen dem Kern, dem Wesentlichen immer näher. Und in einem solchen Bild kann man sich klar machen, daß es darum geht, das Wesentliche zu verdichten, zu konzentrieren und das Unwesentliche wie durch ein Sieb endgültig abtropfen zu lassen. Dann stellt sich natürlich die Frage: Auf welchem Boden pflanzt man diesen Samen, den man selber im Alter bildet und gestaltet? Wo kann er weiter wachsen, wo kann er gedeihen? Wir nehmen ihn zunächst mit über die Todesschwelle in das Leben im Geist der Welt. Im nachtodlichen Leben sprießt er dann auf und die schon verstorbenen Menschen, mit denen wir zusammen waren, die Engel, die Erzengel, die Hierarchien, die Christuswesenheit, denen wir im Tode begegnen, sie schauen jetzt, was aus diesem Samen wird. Sie sind die Gärtner, die Pfleger der menschlichen Biographie. Und nun ist es tatsächlich so, das wird in der anthroposophischen Geisteswissenschaft sehr ausführlich geschildert, daß wir nach dem Tode zunächst einmal alles sehen dürfen, was wir während des Erdenlebens gedacht haben[1]. Unser Gedankenorganismus ist unser Geistorganismus, wir sprechen da von den ätherischen Kräften. In diese hat sich alles eingeprägt - wir denken ja schon während des Lebens mit diesen ätherischen Kräften - andererseits sind es auch eben diese Kräfte, die unseren Körper am Leben halten, es sind die Lebenskräfte. Unser Körperleben und unser Gedankenleben haben dieselbe Kraftnatur. Es sind Gesetzmäßigkeiten, Gedankenstrukturen, es ist reiner Sinn, der unseren Leib aufbaut und ordnet und, während der Leib zerfällt, als wundervolles Gedankenpanorama in reicher Bilderfülle erscheint. So wird es uns ja auch von Menschen geschildert, die ein Nahtoderlebnis hatten und ihr ganzes Leben in Bildern vor sich sahen, sich selber wie ein Gedankenwesen erlebten. Es wird so beschrieben, daß man den Gedanken sieht und selber einer ist, man ist sozusagen mitten im Geschehen, obwohl man es sieht. Auch wird dies so erlebt, daß dieses Gedankenwesen nicht mehr an Raum und Zeit gebunden ist. Bis zu einem gewissen Grad können wir das ja schon im Leben entdecken, daß wir mit dem Denken Raum und Zeit

---

[1] Vergleiche z. B. Rudolf Steiner: Theologie, Dornach 1904, 31. Auflage 1987

überbrücken können und in Gedanken mit einem geliebten Menschen vereinigt sind, unabhängig davon, wo er ist. Und wenn er sensibel ist, so spürt er die Ankunft eines solchen liebevollen Gedankens, weil dieser eine ätherische Kraft ist. So kann man nach dem Tode diese Bilderwelt sehen, aber die geistigen Wesen sehen sie auch. Es ist kein schöner Vergleich, wenn ich sage: „So sieht deren Kino aus", aber es ist so, daß sie uns anschauen und auch beurteilen, was sie da sehen. Dieses Panorama-Erleben füllt etwa die ersten drei Tage und Nächte nach dem Tode aus. Dann lösen sich unsere Gedanken in der Gedankensphäre der Erde auf, so wie sich die Stoffe des physischen Leibes in die physische Erde hinein auflösen. Nur das bleibt mit uns verbunden, womit wir uns während des Lebens ganz identifizieren konnten. Also jeder wirklich eigene Gedanke, jedes Durcharbeiten der Biographie, das einem bestimmte Bezirke des eigenen Lebens verständlich gemacht hat und bei dem man es ganz und gar bis hin zur Bejahung und Identifikation gebracht hat, das bleibt einem nach dem Tode. Das wird sozusagen erhärtet und ist wirklich Samenkraft für ein nächstes Leben. Was man aber von sich gewiesen hat, womit man nichts anfangen konnte, was einen nicht interessiert hat, das fällt ab wie Ballast. Und insofern ist es auch für das nachtodliche Leben wichtig, ob wir unsere Biographie durcharbeiten oder nicht. Nach dem „Sterben" des Gedankenorganismus geht das nachtodliche Leben im Gefühlsleben weiter, dessen Träger der Astralleib ist – der Name aus der geisteswissenschaftlichen Literatur für den Organismus unserer Gefühle. Alle Gefühle tauchen auf, die man ein Leben lang gehabt hat. Aber nicht so, wie man sie im Leben hatte, sondern so, wie die anderen uns erlebt haben. Wir erleben immer nur, wie wir selbst über einen anderen Menschen fühlen oder über ein Problem. Aber wir wissen oft sehr wenig, – weil es nur wenige Menschen gibt, die ganz ehrlich sind und uns sagen, wie sie über uns fühlen – wie die anderen uns erleben. Meistens behält man das für sich, man will den anderen nicht verletzen, man will ihn nicht verärgern, und deshalb soll er es nicht erfahren. Nach dem Tod kommt dann die Stunde der Wahrheit, wo wir erleben dürfen, was andere an uns erlebt haben die Nachtseite unserer Gefühlsbeziehungen also. Denn Beziehungen sind immer wechselseitig. Beides zusammen ist erst das Ganze. Auch hier ist die Vorbereitung im Alter sehr hilfreich. Der ältere Mensch sollte Zeit haben und Unterstützung finden, Beziehungen zu ordnen, biographische Fäden aufzugreifen, Gespräche zu führen und vielleicht schon diesseits der Todesschwelle mehr noch zu erfahren: „Wie hast du eigentlich mich und mein Leben empfunden?“ Dadurch kommt man dann nach dem Tod auf viel bewußtere und vorbereitetere Art in diese Erlebniswelt hinein. Wer sich überhaupt nicht vorbereitet hat, der ist eben so, wie jemand, der ins Auto steigt und ins Blaue fährt, und dann immer gerade da, wo er Sprit braucht, keine Tankstelle findet, und da, wo er Hunger hat, kein Restaurant. Man ist dann einfach schlecht vorbereitet und muß irgendwie zurechtkommen. Wohingegen da, wo man ungefähr weiß, was einem bevorsteht und sich selbst vorbereitet hat und versucht, so viel wie möglich noch sich zu erarbeiten und das eigene Gefühlsleben zu verobjektivieren, es zur Wahrheitsfindung zu benützen, nicht nur zur Selbstbestätigung, dann nimmt man eine Kraft mit über die Todesschwelle, die einem nach dem Tod unendlich hilft, mit viel mehr Sinn und Verstand durch diese Erlebnisse hindurchzugehen, die einen dort erwarten, wenn man die andere Hälfte der Wahrheit zur Kenntnis nehmen muß. Was im katholischen Sprachgebrauch „Fegefeuer“

genannt wird und „Gericht“, das ist ein bildhafter Ausdruck für diese Zeit seelischer Läuterung und des Lernendürfens, was wahr, „richtig“ ist. Je mehr wir selber schon herausgefunden haben, was wir zum Ausgleich für eine verletzende Handlung tun können, um so freier können wir uns dem „Gericht“ stellen und seine Botschaft dankbar annehmen. Und so werden wir, wenn wir wiedergeboren werden, viel mehr Erlebnisse haben, wo es uns leicht fällt oder wo wir motiviert sind, jemandem zu helfen, auch wenn unser Verstand sagt: „Was investierst du eigentlich in diesen Menschen so? Da hast du niemals was davon. Warum machst du das? Warum vertust du damit deine Zeit?“ Es sagt vielleicht sogar ein Freund zu uns: „Was hast du denn mit dem im Sinne? Das lohnt sich doch gar nicht.“ Oder „Was soll das, was findet der an ihr?“ Selber aber ist man freudig dabei und motiviert, weil man einfach weiß: „Das gehört zu mir.“ Ohne solche Vorbereitung aber wird der Schicksalsausgleich zum nächsten Leben als „Strafe“ erlebt, als Notwendigkeit, der man nicht entrinnen kann und die man nicht versteht. Dann kostet das viel Kraft und kann unter Umständen eine ganze Biographie belasten. Wenn man aber so etwas weiß, wenn man selbst daran arbeitet, die Dinge, die einem schwer fallen, wirklich einmal unter der Arbeitshypothese zu sehen: „Im Grunde hätte ich mir das auch selber vornehmen können. Wie wäre denn der Gesichtspunkt, unter dem es sinnvoll ist, daß ich dies jetzt aushalte?“ Wenn man solche Fragen hat, merkt man plötzlich, daß man gute Einfälle bekommt, und es trägt sich die ganze Sache viel leichter. Oder, was das Schönste ist, wenn man die Lektion gelernt hat und es auf sich genommen hat, angenommen hat, dann kommt plötzlich unerwartet eine Lösung, und das Problem ist vom Tisch. Denn das, was wir gelernt haben, – da sind auch die Götter ökonomisch – das wird nicht wiederholt. Wenn wir es wirklich verstanden haben, ändert sich die Situation, dann kommt etwas Neues. Wieviele Menschen gibt es aber, die immer wieder auf dieselben Probleme treffen, auch wenn sie vor ihnen davonlaufen, so finden sie sie wieder. Probleme sind die treuesten Freunde, die es gibt. Sie kommen immer wieder zurück. Sie verlassen einen erst, wenn man sie geknackt hat, wenn man sie angenommen hat. Also auch da ein breites Gebiet, wo sozusagen Lebensweisheit reifen kann. Natürlich tut das weh, aber, und das möchte ich betonen, es macht auch Spaß, vor allem in Gemeinschaft. Wenn man allein sitzt und so etwas machen muß, dann kann es ziemlich zerknirschen und deprimieren. Aber wenn man Gleichgesinnte hat, die alle auch solche unverarbeitete Lebensbezirke haben, und man darf Anteil nehmen, und jeder kann den anderen belehren und wird belehrt, dann ist es leichter und kann sogar Freude machen. Menschen, die so aktiv ihre Biographie durcharbeiten, um sich nicht nur für dieses Leben befriedigend zu verabschieden und frei von vielem zu werden, was bedrückt hat, sondern das zugleich so tun, daß sie sich auch vorbereiten können auf das nachtodliche Leben, die bekommen eine seelische Ausstrahlung und eine - ich möchte fast sagen - charakterliche Qualität, die sie anziehend macht speziell für jüngere Menschen, denn die kommen dann gern, weil sie instinktiv wissen: „Dieser Mensch beurteilt, was ich ihm erzähle, nicht mehr nur nach persönlichen Gesichtspunkten. Dessen Seelenleben ist schon ein bißchen objektiv geworden, der kann objektiv beurteilen, der kann mir viel selbstloser raten als es jemand kann, der eine solche innere Arbeit noch nicht geleistet hat."

Dann kommt aber noch ein dritter Schritt, und das

ist nun im nachtodlichen Leben die längste Zeit. Wenn die Zeit der Seelenläuterung vorüber ist und der nicht benötigte Astralleib „sterben“ und sich in der Seelenwelt auflösen kann, so nehmen wir auch hier alles mit für den weiteren nachtodlichen Weg, womit wir uns ganz haben verbinden können. Dann ist man reif für den dritten Schritt, im Leben zwischen Tod und neuer Geburt. Da wird nun alles verarbeitet und sozusagen ins Samenhafte vollends zusammengezogen, was man während eines ganzen Erdenlebens getan hat. Das betrifft jede kleinste Handlung, ob ich zum Beispiel mein Waschbecken zu Hause lustlos geputzt habe oder meinen Lieblingsschlager singend, ist ein Unterschied. Ich habe meine Handlung mit einer unterschiedlichen Motivation getan. Die äußere Ausführung und die innere Bewegung, die innere Motivation, die innere Haltung, gehören zusammen. Und nach dem Tod sieht man nun beides, man sieht die innere Motivation, und man sieht die Auswirkung auf den sozialen Organismus. Man sieht, welche Freude, welchen Schmerz andere Menschen an den eigenen Taten hatten. Wer oft andere Menschen an die Wand gedrängt hat, erlebt das An-die-Wand-gedrängt-Sein und überlegt sich:

„Was kann ich im nächsten Leben tun, um diese Menschen zu fördern, die ich in diesem Leben - vielleicht weil ich es mußte, kraft meiner Position - an die Wand zu drängen hatte." Stellen Sie sich einen Personalchef vor, der unter soundsovielen Bewerbern einen aussucht, wieviele Menschen er immer wieder enttäuschen muß. Da kann man sich vorstellen, daß er vielleicht im nächsten Leben ein Lehrer ist, der Generationen von früher Abgewiesenen freudig, positiv ins Leben stellt. Natürlich sind auch ganz andere Formen des Ausgleichs möglich. Auch gibt es die andere Seite, wo sich die Handlungen korrigieren, wo sozusagen zu dem Persönlichen, weswegen man die Arbeit gemacht hat, die soziale Auswirkung noch hinzu wahrgenommen und beurteilt wird. Und wenn diese eigentliche Zeit in der geistigen Welt vorbei ist, dann ist der Geistessamen ganz gereift im Laufe dieses langen physisch-seelisch-geistigen Sterbe- und Verwandlungsprozesses. Dann sind wir reif, um ein neues Erdenleben zu beginnen und uns wieder nach der Verkörperung zu sehnen. Diese geistige Konzeption eines reif verarbeiteten früheren Erdenlebens gelangt dann als wundervolle geistig-seelische Gesetzmäßigkeit wieder in die Äthersphäre der Erde und kann sich passend zu dieser geistig-seelischen Gesetzmäßigkeit einen neuen Gedanken- und Lebenskräfteorganismus herangliedern. Dieser verbindet sich dann bei der Konzeption von Mann und Frau und beginnt, das genetische Material so zu ordnen, wie es zum eigenen Schicksal paßt. In der geistigen Welt fehlt uns der Körper, da sind wir nicht so individuell abgegrenzt, daß wir uns als Persönlichkeit weiterentwickeln können. Wir können dort nur verarbeiten, ausreifen, aber wir können uns dort nicht weiterentwickeln. Und so brauchen wir eben viele Leben, bis wir als geistige Menschenwesen so reif, so konsolidiert, so gebildet sind, daß dann vielleicht, am Ende der Erdenzeit auch die Erde und die Verkörperung nicht mehr nötig ist in dieser Form. Darauf wird in den großen religiösen Urkunden gedeutet, wenn von einem neuen Himmel und einer neuen Erde gesprochen wird. Warum ist es so wichtig, solche Perspektiven zu haben? Weil wir tatsächlich in der Zeit des Lebensendes, so zwischen sechzig und achtzig Jahren im Durchschnitt heute, erstmals in der Menschheitsgeschichte die Möglichkeit haben, das nachtodliche Leben bewußt vorzubereiten und dadurch uns selber auch als Fortschritt in der Menschheitsentwicklung die Möglichkeit zu geben, viel bewußter dieses nachtodliche Leben zu durchwandern. Und so können Sie auch verstehen, gerade wenn jede kleinste Tat zählt, warum es so wichtig ist, daß ein alter Mensch noch Krankengymnastik, künstlerische Übungen und Spaziergänge macht, das sind Handlungen, und gerade die sind wichtig. Wenn er es gerne macht, aus Liebe zum Leben, so wie Luther uns sagt: „Und wenn ich morgen sterben würde, heute pflanz' ich meinen Baum". Gerade wenn ich morgen sterbe, freue ich mich, daß ich heute noch ein wenig malen darf und mich noch einmal mit dem Blau verbinde und mit dem, was es mit dem Gelb und Grün heute tut. Ich habe mich noch einmal mit einem Stück Welt verbunden, und das geht mit mir. Jede Handlung verstärkt meine Verbundenheit mit dem Wesen der Welt, mit anderen Menschen und macht mich reicher, und zumal es den Willen betrifft, auch willensstärker, kräftiger. Dann kommt man mit einem intensiv geschulten Willen das nächste Mal auf die Welt, lernt viel schneller, weil man so viel geübt hat. Dadurch hat man auch im nächsten Leben einen starken Ätherleib und behält alles leichter. Man muß sich das wirklich rechtzeitig klar machen, oftmals kann man es dann im Alter nur noch auf der Willensebene und Gefühlsebene tun, weil der Kopf es nicht mehr so leistet. Aber wenn Sie es positiv nehmen: drei Tage nach dem Tod verschwindet das Denken sowieso. Anders ist es mit dem Gefühls- und Willensleben. Was auf der Gefühls- und Willensebene noch geschieht, reicht viel weiter in das nachtodliche Leben hinein. Für das Leben in der geistigen Welt brauchen wir vor allem unser Gefühl und unsere Willensrealität, unser Sein neben den wesentlichen Motiven und Idealen, die uns durch das Leben als die tragenden Gedanken begleitet haben.

Wenn man das so schildert, wird vielleicht mancher unter Ihnen sagen: „Ja, so klingt das ja alles ganz gut. Sie gehen immer noch von den Rüstigen und Motivierten und von denen aus, die keine Schmerzen haben und die nicht pflege- und hilfsbedürftig sind. Wie ist es aber mit den Pflegebedürftigen? Krankheit und Schmerz, die zum Beispiel im Fall einer Krebserkrankung auftreten können, oder rheumatische Erkrankungen, Nervenkrankheiten, entzündliche Erscheinungen, rufen die Frage auf: Was sind denn Leid und Schmerz für Erfahrungen? Gesteigertes Bewußtsein. Es ist sehr heikel, wenn man das so kurz sagt, denn selbstverständlich haben wir als Ärzte und Pflegende die Aufgabe, Schmerzen zu lindern, so gut wir können. Das ist völlig selbstverständlich. Es bleibt aber immer noch genug zu tragen übrig. Über das, was noch zu tragen ist, möchte ich sprechen, und auch über das, was man als Arzt und Pflegender tun kann, um einem Kranken deutlich zu machen, daß Schmerzen nicht nur sinnlos sind. Es gibt Patienten, die wirklich im Dialog sind mit dem Arzt und sagen: „Nein, jetzt möchte ich es gerne noch ein bißchen aushalten, das ist für mich erträglich, kommen Sie bitte später noch einmal vorbei." Was bedeutet der Schmerz? Warum habe ich das? Denn beileibe nicht jeder, der auf sein Lebensende zugeht, leidet unter Schmerzen. Auch das ist ja ein besonderes Schicksal. Und da ist es, finde ich, sehr hilfreich, sich solche Erfahrungen, daß Schmerz das Bewußtsein erhöht, deutlich zu machen und dann auch geisteswissenschaftliche Forschungsergebnisse von Rudolf Steiner zur Kenntnis zu nehmen , wo er ganz schlicht sagt: Ein schmerzvoller oder auch gewaltsamer Tod bewirkt für das nachtodliche Leben ein gesteigertes Selbstbewußtsein. Es gibt Menschen, die das wollen, die das brauchen, und es tief innerlich auch wissen. Wenn man als Arzt und Pflegender damit rechnet und sich zum Partner dieses Schicksalswillens macht, indem man fragt: „Wie gehen wir mit dem Schmerz so um, daß er gelindert wird, erträglich ist, aber daß du auch erlebst, was er dir sagen will?“, dann bedeutet das für das nachtodliche Leben eine ganz große geistige Wachheit, ein viel bewußteres Durchgehen und Begegnen mit den Wesen in der geistigen Welt. So wie bei der Geburt am Beginn des Erdenlebens der Geburtsschmerz der Mutter die Beziehung zum Kind vertiefen hilft, so ist dies auch beim Geburtsschmerz am Ende des Lebens der Fall, wo die geistige Geburt ansteht.

Wenn man vom geistigen Gesichtspunkt her die Pflegebedürftigkeit, ja selbst das sogenannte „nur noch Dahinvegetieren“ nimmt, so sieht man zum einen, daß der betreffende Mensch mit seinem Seelisch-Geistigen schon weit aus seinem Körper herausgetreten ist, es ist wirklich nur noch der pflanzenhaft schlafende Mensch zurückgeblieben. Das heißt, es ist ein Mensch, der in einem sehr stark individuell bezogenen Sterbeprozeßbefangen ist, der langsam für die geistige Welt aufwachen möchte, nicht ruckartig, nicht so wie im Schock. Dieser Mensch möchte offenbar langsam da hineinwachsen, dieser Vorgang ist wie eine verlängerte Embryonalentwicklung, um dann, wenn der Tod wirklich eintritt, schon vieles an Läuterung vorweggenommen zu haben. Es ist keinesfalls ein lebensunwertes Leben. Das ist es nur von einem materialistischen Standpunkt aus gesehen. Und wenn die andere Seite noch dazukommt, daß die Pflegenden ein solches Schicksal mit Verständnis und Liebe begleiten, weil sie wissen: dieser Mensch steht schon mit einem Teil seiner Existenz in den geistigen Erfahrungen jenseits der Schwelle, und man musiziert für ihn, und man sagt ihm bestimmte Meditationsworte oder liest ihm aus der Bibel vor, und er nimmt noch solche Worte auf, die das geistige Leben fördern und unterstützen, dann ist das wirklich Lebensbegleitung zum Sterbevorgang, dann ist das geistige Nahrung, und etwas, was in diesem Zustand unmittelbar hilfreich und kulturschaffend ist. Es gibt viele Gesichtspunkte, an denen wir sehen können, daß es eine ganz bedeutende Kulturaufgabe des alten Menschen ist, „gerade wenn er langsam stirbt, wenn er unter Schwierigkeiten stirbt, wenn er eine Strecke leidbetonten Lebens hat“ daß er uns, die wir noch nicht in der

Situation sind, Bilder zuspiegelt und durch seine eigene Existenz Erfahrungen sozusagen vorlebt, an denen wir selber aufwachen können für den Sinn des Todes und für die Bedeutung des Geisterwachens, das langsam oder schnell sein kann. Wir lernen, am alten Menschen die Schwelle zur geistigen Welt ernst nehmen und neu kennen als eine Herausforderung für ein materialistisches Zeitalter. Und insofern stelle ich mir vor, daß solche Zentren für sinnvolle Lebensgestaltung im Alter eine Kulturarbeit leisten können, indem sie nicht nur den Sinn des Alterns immer mehr entschlüsseln und enträtseln. Zentren wie diese können wirklich ein Raum sein für Geistesforschung, für die Erforschung des nachtodlichen Lebens, für Spiegelungen, wie sich nachtodliche Entwicklungsstufen oder Handlungsstufen schon abschatten können in bestimmten Stadien und Erlebnissen, die das Sterben vorbereiten, von denen dann auch die Lebenden in jüngerem und mittlerem Alter sehr, sehr viel gewinnen können.

Ich möchte diese Ausführungen abschließen, die natürlich nur sehr aphoristisch sein konnten, mit der ganz großen Hoffnung, daß es Ihnen gelingt,

dieses neue – jetzt noch nicht physisch gebaute, aber geistig schon in Konzeption begriffene – Zentrum für sinnvolle Lebensgestaltung im Alter und bei Hilfsbedürftigkeit, daß Sie das wirklich zu einem Kulturzentrum machen, in dem die Würde und Bedeutung der Menschlichkeit im Alter nicht nur gefunden werden, sondern auch ausstrahlen können in diese Region hier.
Dankeschön für Ihre Aufmerksamkeit!

Fragen der Zuhörer:

Frage: Mich bewegt die Frage zu der zweiten Phase nach dem Tode, was mit den Gefühlen ist, die man selber nicht akzeptieren konnte. Es ist ja ein großes Problem, daß viele Menschen ihre eigenen Gefühle gar nicht kennen, kennen wollen und auch niemals damit umgehen konnten. Was ist damit in dieser Zeit, was passiert da oder was kann da passieren?
Und in der dritten Phase, wenn man also sich vorstellt, daß jede Handlung, die man hier irgendwann getan hat, daß die gewissermaßen daraufhin untersucht wird, welche Motivation sie hatte und was sie bewirkt hat. Was kann man eigentlich tun, wenn man jetzt schon weiß, daß man

bestimmte Handlungen unter falscher Motivation gemacht hat oder daß sie nichts bewirkt haben oder nur vermeintlich nichts bewirkt haben und man sie aber nicht wiederholen kann. Was könnte man bei dieser Arbeit in dieser Hinsicht tun?

M.G.: Danke, ich glaube, das sind zwei sehr wesentliche Fragen. Die eigentlichen Gefühle, die oft verdrängt werden und doch ungeheuer wirksam sind, weil sie ja das ganze Handlungsleben stark beeinflussen, zum Beispiel eine Eifersucht, die man sich nicht eingesteht, kann sozial sehr wirksam sein, obwohl der Betreffende sagen wird: „Nein, Eifersucht, das ist ja das Letzte!" Ja, und trotzdem wirkt dieses Gefühl. Oder eine Wut, die man sich nicht eingesteht, oder ein Haßgefühl, oder auch eine Selbstzerstörung, es gibt ja da ganz vieles. Da sieht man nach dem Tod, daß man so gefühlt hat. Und man lernt dann nach dem Tod anzunehmen, daß diese Seite zu einem gehört hat. Es hat aber nicht den Charakter, den es im Leben hat. Wenn man sich also ein Gefühl eingesteht und anfängt, daran zu arbeiten, dann ist man auf einem Weg, wo man sich selber als Herr der Lage fühlt und den Eindruck hat, „Ich krieg' das jetzt in den Griff", man ist sozusagen in der aktiven Position. Und wenn man das während des Lebens nicht gemacht hat, an seinen eigenen Gefühlen nicht gearbeitet hat, dann muß man sie nach dem Tod, so wie Sie es jetzt geschildert haben für die Handlungen, muß man sie nach dem Tode so sehen, wie sie waren. Und da schildert Rudolf Steiner drei Qualitäten, drei Wesen, zu denen unsere Gefühle Verwandtschaft haben, mit denen sie in Beziehung stehen. Im Alten und Neuen Testament wird von zwei verschiedenen Arten des Bösen gesprochen, die heißen „diabolos" und „satanas". Steiner charakterisiert den Satan als das sozial Böse und das kalte intellektuelle Böse, und Luzifer als das emotional „ persönlich" Böse, das, was warm und hitzig ist. Nach dem Tod sieht man nun, woher unsere Gefühle ihre Kraft hatten. Wenn es aber gute Gefühle waren, die man verdrängt hat, zum Beispiel der Verzicht auf eine große Liebe, die Liebe zu einem anderen Menschen, die man nicht leben konnte, dann sieht man nach dem Tod, wohin man es verdrängt hat. Mit einer Liebe, auf die man verzichtet hat, können Luzifer und Satan nichts anfangen. Sie ist bei Christus zu Hause. Auch wenn Sie den Eindruck haben, Sie haben viel Gutes gewollt, auch wenn es wenig effektiv war, so ist dieser gute

Wille doch etwas sehr Positives, worauf Sie aufbauen können.

Bei dem, was Sie über die Handlungen angesprochen haben, da sind wir als Menschen oft in großen Illusionen, was wirklich der Sinn einer Handlung ist. Was ist das zum Beispiel, denke ich manchmal: ich fahre ja viel mit dem Zug, und da gibt es immer Menschen, die leeren die ganzen Papierkörbe aus und sammeln die heruntergefallenen Bierflaschen ein und putzen auch und sorgen dafür, daß man sich gerne in so ein Abteil hineinsetzt und daß nicht alles überquillt und vor Schmutz starrt. Da frage ich mich, was sind das für Handlungen? Was ist bedeutend für die geistige Welt? Wenn ich - wenn es gelingt, nicht nur äußerlich, sondern auch innerlich - Freude daran habe, Chaos in Ordnung zu verwandeln, ständig dem Niedergang Aufbauleistung abzuringen, ständig der Dekadenz eine Wendung ins Ästhetische zu geben, ist das nicht etwas Wesentliches? Oder was wird zum Beispiel aus dem, was nach außen glanzvoll aussieht, wie politische Aktivität oder wirklich Dinge, die die Welt äußerlich gesehen bewegen? Oder was geschieht, wenn ein Politiker es in seinem Schicksal hat, daß er erlaubt hat, daß ein Kernkraftwerk seinen Betrieb aufnehmen konnte? Wenn jemand z. B. mit den Folgen dieser Taten leben muß und in zweitausend Jahren sieht, was daraus geworden ist, wenn er zum zweiten oder dritten Mal auf der Erde ist? Man hat es dabei mit Qualitäten zu tun, wo ich sagen würde, derjenige, der Chaos in Ordnung verwandelt hat, hat damit in der Welt etwas getan und verwandelt, was befreiend und aufbauend gewirkt hat und was dann die Zukunft überhaupt nicht belastet, sondern freie Bahn gibt für die Zukunft. Und wer Dinge getan hat, die letztlich doch im Leben über viele Menschen Leid hereingebracht haben, der hat damit für seine künftige Biographie viele Notwendigkeiten angehäuft. Und so gibt es scheinbar Unscheinbares, was aber von der geistigen Warte aus etwas sehr Befreiendes hat und für den Willen durch die Wiederholung etwas Stärkendes, und es gibt äußerlich Hervorstechendes, das, wenn man es in Bezug auf die geistigen Folgen anschaut, Fragen aufwirft, die nicht nur von Erfolg gezeichnet sind, sondern die auch schwierige Aufgaben für die Zukunft darstellen. Das ist jetzt sehr unvollkommen ausgeführt, aber es gibt vielleicht doch den Anlaß, in eine solche Richtung zu denken, daß unter bestimmten Gesichtspunkten nicht die äußere Effizienz immer nur entscheidend ist, sondern daß entscheidend ist, ob ich in der kleinen Handlung dem großen Weltzusammenhang einen Dienst geleistet habe. Wenn ich mir vorstelle, ein Mensch arbeitet vielleicht in mehreren Inkarnationen überwiegend praktisch, in diesem ordnenden, klärenden Sinn, und hat eine enorme Willensstärke sich errungen, dann ist er gut vorbereitet, um in einer zukünftigen Inkarnation auch einmal etwas ganz Großes zu bewegen. Er ist gut vorbereitet, er hat im Kleinen geübt, damit er im Großen nicht versagt.

Frage: Was können wir denn tun, um diesem Schreckensbild, das Sie ja kurz skizziert haben und das wohl für die ganze Welt gilt, entgegenzusteuern: Zwanzig Prozent der Menschen geht es gut und die bewegen alles, und achtzig Prozent werden nur unterhalten? Was können wir denn heute dagegen unternehmen?

M.G.: Alles, was man sofort tun kann, ist eben, möglichst viele freie Initiativen zu gründen. Wenn man in einer anthroposophischen Arbeitsgruppe oder einer Einrichtung mitarbeitet, so könnte man zum Beispiel zusammen mit den anderen überlegen, ob man einen landwirtschaftlichen Hof retten möchte, indem man eine kleine Initiative gründet am Ort mit vielen Menschen, wodurch viele kleine Beiträge zusammenkommen. Dadurch hätte man selber dann die Macht zu verhindern, daß dort gentechnisch gearbeitet wird oder in Monokulturen angebaut wird. Denn die Giganten haben auch nur einen begrenzten Lebensraum, und die werden nach und nach alles aufkaufen. Wenn eine Firma für 14 Milliarden eine andere Firma kaufen kann, dann können ganze Landstriche aufgekauft werden. Das aber geht nur so lange, als die einzelnen Menschen verkaufen und als die Verbraucher die Produkte der Giganten konsumieren. Und ich sehe nur durch einen Bewußtseinswandel radikalster Art die Möglichkeit dazu, hier etwas zu ändern. So wie bei der politischen Wende' 89 plötzlich der Durchbruch gelang, indem viele zusammenstanden und aus *einer* Gesinnung handelten. Ich bin sicher, wenn genügend Menschen mit solchem Unbehagen, wie Sie es jetzt geschildert haben, über die Schwelle in die geistige Welt gegangen sind, dann wird eine Generation wiedergeboren werden von Millionen von Menschen, die schon vom ersten Moment an, wenn sie diesen Folgen begegnen, größtes Unbehagen empfinden und sich sagen wird: Da kommen wir gerade noch rechtzeitig, um damit Schluß zu machen. Aber es geht heute nur noch über die individuelle Initiative, die sich assoziiert mit anderen. Goethe hat für mein Empfinden das entscheidende Wort gesprochen für die Zukunft: „Ein einzelner hilft nicht." Ein einzelner hilft heute wirklich nicht mehr. „Sondern wer sich mit vielen zur rechten Stunde vereinigt." (Goethe, Das Märchen). Und deswegen muß man sich zusammenschließen, um z. B. einen Hof zu erhalten, um Saatzucht im biologisch-dynamischen Landbau zu unterstützen, oder um ein Kulturzentrum für sinnvolle Lebensgestaltung im Alter zu schaffen. Die Vielen haben letztlich die Macht. Und selbst wenn wir nur noch unterhalten werden, haben wir doch immerhin noch so viel Geld, daß wir mit zweitausend anderen zusammen noch etwas tun können, solange uns der Geist nicht völlig verläßt. Aber wenn wir uns geistig „gleichschalten" lassen und eine immer konsequentere Erziehung zum Materialismus erhalten, wird es natürlich immer schwieriger.

Deswegen lohnen sich auch solche Veranstaltungen wie die heutige, daß man sich trifft, daß man sich kennenlernt, daß man sich zu kulturschaffenden Initiativen zusammentut. Denn dafür sind die Chancen heute ausgezeichnet. Immer noch haben wir erstaunlich viel Geld, es geht uns immer noch sehr gut. Ich habe gerade heute morgen ein praktisches Beispiel erlebt. Da kommt ein lieber Mensch, der mir immer Milch besorgt, weil ich selten zum Einkaufen komme, vorbei und sagt: „Der Laden, wo wir bis jetzt immer die offene Milch bekommen haben, hat die nicht mehr." Ab heute gibt es nur noch homogenisierte Milch, und da weiß ich, vom Ärztlichen her, daß das nicht das Beste ist für die Ernährung. Da stellt sich also für mich jetzt die Frage: werde ich aktiv oder nicht? Ich bin fest entschlossen, diesen Ladenbesitzer zu besuchen und das Letzte zu versuchen. Er hat sicher nur aus Rationalisierungsgründen diesen Umstand mit der offenen Milch abgeschafft. Hier gehört dann eine Verbraucher- oder Konsumenteninitiative hin, damit das erhalten bleibt. Denn das bedeutet sonst, daß ein biologischer Hof einen Abnehmer weniger hat. Und auf die Weise rationalisieren wir die Kultur weg, und am Schluß bleibt nur noch die Unterhaltung, die elektronische Unterhaltung. Und angesichts solcher Entwicklungen gilt es Gegengewichte zu schaffen.

Kurzbeschreibung „Wohnstätte Haus Rengold“ am Bodensee, Wohnstätte für sinnvolle Lebensgestaltung im Alter und bei Hilfsbedürftigkeit

Die unkonventionelle Wohnstätte möchte fünf verschiedenen Zielgruppen ein tätiges Leben in Gemeinschaft mit vielen Arbeitsfeldern bieten. Das Angebot gliedert sich in:

- Betreutes Wohnen für 30 - 40 Personen
- Schwerstpflege / Sterbebegleitung
- Pflege bei Altersdemenz
- Wohnbereich für junge pflegebedürftige Menschen (MS-, Aids-, Krebs- und Psychisch Kranke)
- Sozialtherapeutische Wohngruppe für junge Erwachsene
- Kurzzeitpflegeplätze in allen Bereichen.

Hauptanliegen wird die Tagespflege sein; sie ist die Basis des gemeinsam strukturierten Tagesablaufs mit vielen Tätigkeitsfeldern (Garten, Küche, Wäscherei, Cafè, Laden, Festgestaltung) für hilfsbedürftige Bewohner und Menschen von außen.

Gesucht werden zukünftige Bewohner, auch junge Menschen, die durch Darlehen, welche später zu Wohnrechten werden können, die Realisierung der Wohnstätte unterstützen. Ein Versuch, die persönliche Altersvorsorge und den „Generationenvertrag“ neu zu ergreifen.

Interessenten melden sich bei: Wohnstätte e.V. „Haus Rengold“, Rengoldshauser Straße 23,
D-88662 Überlingen,
Tel. 07551/97 23 71, Fax 07551/97 23 70.

In der Reihe GESUNDHEITSPFLEGE *initiativ* sind bisher folgende Bände erschienen:
(Fortsetzung)

Band 11: Michaela Glöckler
Krankheit und Schicksal
ISBN 3-932161-11-4

Band 12: Mathias Wais
Entwicklung zur Sexualität
ISBN 3-932161-12-2

Band 13: Henning Köhler
Das biographische Urphänomen
ISBN 3-932161-13-0

Band 14: Mechtild Oltmann-Wendenburg
Die Emanzipation der Frau aus spiritueller Sicht
ISBN 3-932161-14-9

Band 15: Michaela Glöckler
Leben vor der Geburt
ISBN 3-932161-15-7

Band 16: Michaela Glöckler
Leben nach dem Tod
ISBN 3-932161-16-5

Band 17: Michael Brater
Beruf und Biographie
ISBN 3-932161-17-3

Band 18: Heinz Zimmermann
Kreative Gemeinschaftsbildung heute
ISBN 3-932161-18-1

Band 19: Mechtild Oltmann-Wendenburg
Sternstunden der Biographie
ISBN 3-932161-19-X

Band 20: Michaela Glöckler
Die Kulturaufgabe des alten Menschen
ISBN 3-932161-20-3

NEUE

KRANKHEIT GESUNDHEIT

Viele Krankheiten sind Irrtümer,
die der Mensch erschöpfen muß.
Novalis

Im Zusammenhang mit Krankheit und Gesundheit tun sich vielfältige Fragestellungen auf: Was ist eigentlich Krankheit? Was ist Gesundheit? Ist Gesundheit nur das Fehlen von Krankheit? Warum habe gerade ich diese Erkrankung? Was hat meine Krankheit mit mir zu tun? Wie ist sie entstanden und warum? Welche Herausforderung stellt diese Erkrankung an mich?
In der Reihe *Krankheit & Gesundheit* kommen erfahrene Ärzte, Pflegeexperten und Therapeuten zu Wort, die in langen Praxisjahren tiefer in die Vorgänge von Krankheit und Gesundheit blicken durften. Der Leser wird diese gereiften Erfahrungen als ein spürbares Fluidum hinter den Zeilen wahrnehmen und wertvolle Anregungen für die Lebenspraxis gewinnen können. Die Reihe umfasst die thematischen Schwerpunkte: spezielle Krankheitsbilder, ganzheitliche Therapien, Pflege- und Selbsthilfekonzepte.

Band 1: Jürgen Schürholz

Krebsangst verwandeln

DIE WAHRHEIT ALS CHANCE

ISBN 3-932 161-23-8

Krebserkrankungen wollen auf verschiedenen Ebenen überwunden werden: biologisch, seelisch und geistig. Wie können Betroffene neue Ansätze in ihrer Biographie finden? Wie kann die Angst vor der Krankheit über-wunden werden? Welche Perspektiven gibt es für ein Leben mit Krebs?

Band 2: Markus Treichler

Wenn die Seele Trauer trägt...

DEPRESSIONEN MITFÜHLEN, ERKENNEN, VERSTEHEN,
BEHANDELN - SICH UND ANDEREN DABEI HELFEN

ISBN3-932 161-24-6

Depressive Verstimmung gehören heute zu den häufigsten Erkrankungen; wer kennt sie nicht, aus dem eigenen Erleben oder von Angehörigen, Freunden, Bekannten. Woher kommen Depressionen - wie können wir sie erkennen und verstehen - welchen Sinn haben sie - und was können wir therapeutisch für uns und andere tun?